AF370132

Vrieo 1626

EDICT DV ROY.

PORTANT CREATION

des Offices de Commiſſaires Receueurs
hereditaires des deniers des ſaiſies Reelles, aſçauoir deux, où il y a Parlement, &
d'vn en chacune Ville & Iuſtice Royale
de ce Royaume.

*Verifié en Parlement le 6. Mars 1626. & en
la Cour des Aydes le 28. Iuin 1627.*

Auec la Declaration de ſa Majeſté ſur ledit Edict,
verifié auſſi en Parlement le 28. Iuin audit an.

A PARIS,

Par A. ESTIENNE, P. METTAYER
& C. PREVOST, Imprimeurs
ordinaires du Roy.

M. DC. XXVII.

Auec Priuilege de ſa Majeſté.

LOVIS, par la grace de Dieu, Roy de France & de Nauarre, A tous presens & à venir, Salut. Encores que nos predecesseurs Roys ayent apporté tout le soin qui leur a esté possible pour donner reglement aux saisies & establissemens de Commissaires, qui se font sur les domaines de nos subiects, fruicts d'iceux, & autres immeubles: Neantmoins l'experience fait voir qu'il s'y commet infinis abus, dont nous receuons iournellement des plaintes; & de ce que nos Huissiers & Sergents, estants chargés d'vn establissemẽt, vont par les Paroisses, s'addressans aux plus aisés qui sont proches des choses saisies, & feignants les vouloir establir Cõmissaires, exigent d'eux grandes sommes de deniers pour les exempter, & vont és assemblees des Foires & Marchés; où vsãts de semblables menaces, tant enuers les Marchands qu'autres personnes qu'ils y rencontrent, font pareilles exactions, establissant ausdites saisies ceux qui ne leur veulent rien donner, bien qu'ils soiẽt la pluspart éloignés de beaucoup des heritages & choses saisies,

ou qu'ils foient incapables de gerer & nego-
tier telles cómiffions, ne fçachãs la plufpart
lire ny écrire: y eſtabliſſant auſſi ſouuent des
pauures Laboureurs, Artiſans, Vignerons,
& autres perſonnes miſerables, chargés d'en-
fants & d'affaires, qui ſont contraints aban-
donner leurs arts, meſtiers & exercices, pour
vacquer auſdites cómiffions, conſommant la
meilleure partie de leurs aages, & employ-
ant toute leur faculté & moyens à l'admini-
ſtratió de telles charges, en procedures procés & voyages qu'il leur conuient faire, et ás
le plus ſouuent tirés en procés en nos Cours
de Parlemeut & autres Iuriſdiċtions, eſloi-
gnés de cent lieuës de la demeure du lieu de
leur eſtabliſſement: Autres qui ſont gens de
neant, conſomment les fruiċts & reuenus des
choſes ſaiſies, s'abſentent & emportent les
deniers des fermes: D'ailleurs, quelques ſai-
ſiſſants font eſtablir leurs ſeruiteurs & autres
perſonnes à leurs deuotions, auec leſquels
colludans ils font adiuger à vil prix les biens
ſaiſis & baux judiciaires, ioüyſſants par ce
moyen des biens de leurs debiteurs, ſous
noms interpoſés de tels Commiſſaires. Arri-
ue auſſi ſouuent que les priuilegiés exempts
de commiffions, ſont eſtablis par haine que
leur portera quelque Huiſſier ou Sergent, &

pour en auoir descharge conuient faire plu-
sieurs procez, qui tournent non seulement à
la diminution du prix de la chose, sans que le
saisi soit acquitté vers ses creanciers : mais
aussi auec grande vexation sur nos subiects,
par les despenses desdits voyages que lesdits
Commissaires font sur les lieux saisis, & és
lieux de nos Iustices, pour proceder aux baux
à fermes ; & par autres frais qui retardent
d'autant le moyen ausdits creanciers d'estre
payez: côme aussi lesdits Sergêts & Huissiers
s'entendent auec lesdits debiteurs, desquels
ils exigent grandes sommes de deniers, pour
à leur gré establir telles personnes que bon
leur semblera, pour par ce moyen disposer à
leur volonté des choses saisies, le tout au preiudice des debiteurs & creanciers, lesquels
par ce moyen tirent peu du profit des baux,
le prix desquels le plus souuent ne suffit pour
payer les frais d'iceux. D'ailleurs, il y a des
creanciers qui colludans auec quelques vns
de leurs debiteurs, bien que payez, font con-
tinuer les saisies qui font sur leurs biês, y font
establir Commissaires à leur deuotion, sous
le nom desquels ils ioüyssent, & frustrent par
ce moyen leurs creanciers : Dauantage il se
trouue que par la puissance, menace, force,
violence, & voyes de faict, les saisis, & autres

par eux, intimident, & ordinairement exce-
dent les Commiſſaires qui ſont eſtablis ; leſquels ſont contraints de quitter & abandon-
ner les choſes ſaiſies au grand preiudice des
ſaiſiſſans & autres creanciers. Et de plus, ſe
remarque iournellemēt des retardemens &
non valeurs és recoltes des deniers de nos
Tailles & autres ſubſides à cauſe deſdits eſta-
bliſſements de Commiſſaires qui contrai-
gnent beaucoup de nos ſubiects de s'abſenter
& ſe retirer dans les Villes pour euiter telles
commiſſions : Autres qui ſont ruinez à la
pourſuitte d'icelles ; & autres infinis monopoles & abus qui ſe commettent à la foule &
oppreſſion de tous nos ſubiects ; ce qui pro-
uient de ce qu'en telles charges ne ſont eſtablis de perſonnes d'experience & preud'ho-
mie , gens de bien, reſſeans bien caution-
nez & certifiez ſoluables, & qui ayent faict
ſerment à Iuſtice : dont les plaintes publiques
nous ayans eſté faictes és derniers Eſtats ge-
neraux tenus en noſtre bonne ville de Paris
par les Deputez des Prouinces de noſtre
Royaume, qui nous ont ſupplié d'y apporter
le remede conuenable :

A quoy voulans pouruecir & faire ceſſer à
l'aduenir leſdits abus , monopoles & oppreſ-
ſions, & en deſcharger nos ſubiects, attendāt

que Dieu nous face la grace de leur faire sẽ-
tir plus abondamment les effects de noſtre
bonne volonté ; Apres auoir mis cét affaire
en deliberation de noſtre Conſeil, où eſtoiẽt
aucuns Princes de noſtre ſang, & autres Princes & Officiers de la Couronne, Seigneurs,
& pluſieurs notables perſonnages; De l'aduis
d'iceluy & de noſtre propre mouuemẽt, certaine ſcience, pleine puiſſance & authorité
Royale, Auons par ceſtuy noſtre preſent
Ediſt perpetuel & irreuocable creé, erigé &
eſtably, creons, erigeons & eſtabliſſons en
tiltre d'office formé en chacune ville & lieux
eſquels il y a iuſtice Royale de ceſtuy noſtre
Royaume & terres de noſtre obeiſſance; l'E-
ſtat & office de Commiſſaire Receueur des
deniers des ſaiſies reelles des terres & Sei-
gneuries, Chaſteaux, Maiſons, fruiſts pen-
dãs par les racines, rentes foncieres, ou con-
ſtituees, droits d'uſufruiſts, doüaires, pen-
ſions, rentes ou autres choſes immobiliaires
ſubieſtes d'eſtre ſaiſies, pour quelque cauſe
que ce ſoit, en vertu d'Arreſts, Sentences,
Iugemens, Mandemens, Prouiſions, Con-
traſts, Obligations, & toús autres aſtes au-
thentiques & commiſſions de Iuſtice, ſoit de
nos Cours Souueraines, Iuges ordinaires, &
tous autres nos Iuges & Officiers quelscon-

ques: N'entédons neantmoins que les faisies
mobiliaires, & les deniers faisis entre les
mains des particuliers foiét fubiets au presét
eftabliffement: A fçauoir deux en chacune
de nos bonnes villes efquelles il y a Parlement, l'vn pour feruir audit Parlement, Re-
queftes du Palais, & Iuftices qui font dans
l'enclos dudit Palais, feulemét; & l'autre aux
Prefidiaux & autres Iuftices qui font dás lefdites villes, & femblablement en chacune de
nos Iuftices où il y a Siege Prefidial, Baillia-
ge, Senefchauffee, Preuofté, Vicôté, Vigue-
ries & autres Sieges Royaux; en telle forte
neantmoins qu'il n'y en aye qu'vn és Villes
efquelles il n'y a Parlement. Et à ce que nofdits fuiets puiffent plus facilement auoir d'a-
dreffe certaine, pour le recouurement des
fommes qui leur feront adiugees par Iuftice,
& que lefdites charges ne chágent fi fouuent
de perfonnes & familles, Nous voulons &
entendons que lefdits Offices de Commiffaires, Receueurs des deniers defdites faifies
reelles, foient & demeurent hereditaires,
pour en iouyr par les pourueus, eux, leurs
hoirs, fucceffeurs & ayás caufe hereditaire-
ment & perpetuellement: & lefquels Nous
voulons eftre exépts de toutes tutelles, & cu-
ratelles & autres charges perfonnelles, atté-

du la

du la continuelle aſſiduité à laquelle ils ſont obligez.

Leſquels Commiſſaires Receueurs auront l'entiere adminiſtration de tous les biens ſaiſis par authorité de Iuſtice, & ſeront tenus faire reſidence actuelle en la ville & lieu de leur eſtabliſſement ; y auront vn Bureau pour receuoir ou enregiſtrer par eux ou leurs Cómis les exploicts des ſaiſies reelles qui ſeront faictes par nos Huiſſiers ou Sergens : par leſquels exploicts enjoignons tres-expreſſémét à nos Huiſſiers ou Sergens de declarer les domiciles des Saiſis & ſaiſiſſans : Et où le domicile du Saiſi ne ſeroit en la ville ou bourg de la demeure dudit Commiſſaire Receueur, & ne pourroit à ceſte occaſion eſtre declaré, l'Huiſſier ou Sergent ſera tenu de deſigner & élire vn domicile certain au lieu de la demeure dudit Commiſſaire Receueur, pour ledit ſaiſi & le ſaiſiſſant : Et en faiſant ſignifier ladicte ſaiſie à la perſonne du ſaiſi ou en ſon domicile actuel ou éleu, ſera tenu de l'interpeller, que dans certain temps, ſelon la diſtance des lieux, il ait à élire domicile dans la ville de ſa demeure, pour ce qui concerne le faict de ladicte Commiſſion ſeulement ; & à faute de ce faire, qu'il ſera procedé par defaut au bail iudiciaire des choſes ſaiſies ſur les ſignifi-

B

cations qui feront faictes au domicile éleu par
ledit Huiffier ou Sergent; qui vaudront comme fi faictes eftoient à la perfonne du faifi.

Pourra neantmoins ledit faifi faire fignifier
audit Commiffaire Receueur, autre domicile
dans le lieu de la demeure d'iceluy Commiffaire Receueur, & non ailleurs, par acte vala-
ble, & qui fera enregiftré au regiftre dudit
Cómiffaire Receueur, par le Sergent, qui fera
telle fignification au pied de l'enregiftrement
de la faifie : du iour duquel enregiftrement lefdits Commiffaires Receueurs feront tenus
faire les fignifications requifes au domicile
qui leur aura efté declaré par ledit faifi.

Defendons tres-expreffément à tous nos
Officiers, Huiffiers & Sergens, de commettre, a l'aduenir ny eftablir autres Commiffaires à toutes faifies qui feront faictes pour quelque caufe & occafion que ce foit, que nofdits
Commiffaires Receueurs, chacun en leur reffort & eftenduë ; à peine de fufpenfion de
leurs offices, & de tous defpens dommages &
interefts ; fors & excepté aux faifies qui feront
faites pour Cenfiues & droicts Seigneuriaux,
de l'authorité des Seigneurs cenfiez au def-
fous de cent liures, fi ce n'eft du confentement
defdits Seigneurs.

Seront auffi tenus lefdits Huiffiers & Sergens de declarer par leurs exploicts les Paroisses des choses saisies, ou a tout le moins celle en laquelle sera situé le Chasteau ou principale maison Seigneuriale en ce qui est des choses Nobles, & les tenans & aboutissans des choses en routure, suiuant nos Ordonnances. Et pour les rentes foncieres ou constituees saisies, declareront la nature desdites rentes & le fonds & les personnes sur lesquelles elles sont, payables ou exigibles, autrement lesdits exploicts seront & demeureront nuls.

Et pource que l'vne des principales plaintes à Nous faictes, est que bien souuent nosdits Huissiers ou Sergens sont pratiquez & sollicitez d'oster ou changer de leurs procez verbaux & exploicts de saisies, des choses par eux saisies, ou les antidater, dont se forment infinis procez & inscriptions de faux: Pour à quoy remedier à la perte desdits procez verbaux & exploicts de saisies;

Enioignons a nos Huissiers & Sergens, sur les peines que dessus, de mettre és mains de nos Commissaires Receueurs, leurs procez verbaux & exploicts de saisies reelles, bien & loisiblement escrits, signez d'eux & de leurs records, & ce dans trois iours au plus tard apres icelles faictes, pour estre par nosdits Commissaires Receueurs enregistrez selon l'ordre

qu'ils leur feront apportez , pour y auoir re-
cours par ceux qui y auront interest, si besoin
est.

Pour cét effect auront lesdits Commissaires Receueurs vn registre dans lequel ils seront tenus enregistrer tous lesdits procez
verbaux & exploicts de saisies, & y inserer le
iour qu'ils les auront receus , auec le nom &
demeure des Sergens qui les auront faicts,
pour euiter multiplicité de saisies , & les fauf-
setez & fraudes qui s'y pourroient commettre par antidate: & seront tenus de faire signer
sur leurs registres ceux à qui lesdicts procez
verbaux & exploicts seront rendus par nosdits Commissaires Receueurs;ausquels auons
permis de deliurer actes, coppies & extraicts
desdictes saisies & arrests, signez & certifiez
d'eux à ceux qui les en requerront ; Lesquels
nous voulons estre de pareille force & vertu
que s'ils estoient deliurez par lesdits Huissiers
& Sergens; & seront les feuillets desdits registres nombrez & paraphez par le Iuge des
lieux ou nostre Procureur , pour plus grande
asseurance.

Et à ce que les diligences que nosdits Commissaires Receueurs auront faictes pour proceder au bail à ferme, soient recogneuës , seront tenus de faire appeller le plustost qu'ils

pourront , suiuant nos Ordonnances & les
Couſtumes des lieux , & ce pardeuant les Iuges du reſſort de leur eſtabliſſement , & non
ailleurs, les ſaiſies & ſaiſiſſans , à leurs domiciles
cy deſſus declarez , tant pour voir proceder
aux baux à ferme des choſes ſaiſies , & y faire
trouuer encheriſſeur , ſi bon leur ſemble , que
pour debatre l'inſoluabité des cautions & certificateurs. Et ſeront les Adiudicataires , cautions & certificateurs, tenus eſlire domicile
en la ville ou demeure de l'eſtabliſſement du-
dict Commiſſaire Receueur, pour y eſtre faicts
tous exploicts requis & neceſſaires pour l'execution de ladicte adiudication , leſquels vaudront comme ſi faits eſtoient à leurs perſonnes
& dom ciles , à la deſcharge dudit Commiſſaire
Receueur.

Ne ſeront pour l'execution de ladite adiu-
dicaiion tenus leſdits Commiſſaires Receueurs , ſi bon ne leur ſemble , ſe charger des
fruicts pendans par les racines, s'il n'y a vn
mois entier d'interualle auant la maturité d'i-
ceux , ſelon la condition & diſpoſition natu-
relle des lieux & climats , afin qu'ils ayent le
temps requis pour faire les proclamations &
procedures de la vente deſd s fruicts , ſelon
la couſtume & vſance des lieux ; ſauf audit ſaiſiſſant , en cas que leſdits Commiſſaires Re-

ceueurs ne demeurent chargez defdits fruicts;
à fe pouruoir pour la conferuation de fes
droicts, ainfi qu'il verra bon eftre. La vente
defquels fruicts pendans par les racines, lefdits Commiffaires pourront faire faire par
deuers les Iuges des lieux, par leurs Commis
ou autres perfonnes ayans pouuoir d'eux, defquels ils demeureront refponfables ciuile-
ment, pour euiter aux grands frais qu'il y con-
uiendroit faire fi elle fe faifoit ailleurs, fans
qu'ils puiffent demander plus grands droicts,
que fi ladite vente auoit efté faicte pardeuant
le Iuge de la demeure dudit Commiffaire Receueur.

Pourront lefdits Commiffaires Receueurs
commettre telles perfonnes que bon leur
femblera, fuffifans & capables, reuocables à
leur volonté, pour vacquer à l'exercice de
leurs charges, tant és lieux de leur eftabliffement, qu'autres endroits de leur reffort,
foit à caufe de la diftance des lieux, ou pour
l'impoffibilité d'eftre prefens en diuers endroits en mefme temps : defquels Commis
ou Procureurs lefdits Commiffaires Receueurs demeureront auffi refponfables ciuile-
ment.

Ne pourront les baux à ferme eftre faicts
pour moins de temps que trois ans, fi tant

la ſaiſie dure , pour euiter aux grands frais qui ſuiuent le trop frequent renouuellement des baux, ſinon pour l'annee encommencee.

Et ſi l'adiudication du Bail iudiciaire eſt differee pour quelques oppoſitions formees à la ſaiſie & eſtabliſſement de Commiſſaire , ou autres empeſchemens, noſdits Commiſſaires Receueurs en demeureront dés lors deſchargez, enſemble des fruicts des choſes ſaiſies, iuſques à ce que le ſaiſiſſant qui ſera ſommé à perſonne ou domicile, ayt faict leuer leſdits empeſchemens,& que ledit Commiſſaire ſoit en poſſeſſion actuelle : Et auquel Commiſſaire Receueur, il ſera neantmoins tenu payer ſes frais , ſalaires & vacations raiſonnables , ſelon la taxe qui en ſera faicte par noſdits Iuges.

Et dautant que nos ſubiects cy deuant commis & eſtablys par noſdits Huiſſiers ou Sergens aux ſaiſies reelles faictes auant ceſtuy noſtre preſent Edict, au lieu de iouyr du bene-fice d'iceluy en demeureroient priuez , & ſe-roient touſiours chargez & trauaillez deſdi-tes Commiſſions,s'il n'y eſtoit par nous pour-ueu ; Novs vovlons que du iour de la publication des preſentes faicte aux ſieges Royaux où reſſortiſſent les choſes ſaiſies, toutes les Commiſſions ceſſent d'eſtre pour-ſuiuies par ceux qui auront eſté eſtablis: Auſquels auons enioint, dans vn mois apres la publication qui sera faicte des presentes, de faire enregistrer par ledit Commissaire Receueur de nouueau estably, les exploicts de saisies reelles, d'establissement de Commissaires, élection de domicile, & de remettre entre ses mains les originaux ou coppies deuëment collationnées, de tous les exploicts des saisies reelles & procez verbaux de leur establissement, baux à ferme, & autres pieces & procedures concernantes leurs dites commissions, & ce chacun és Iustices & Ressorts esquels ils seront establis, & dont dependront lesdites choses saisies; ou entre les mains de ceux qui seront par nous commis à la fonction desdites charges; en attendant qu'il y ait des Officiers receus & establis en icelles: lesquelles coppies leur vaudront comme originaux, pour s'en seruir par nosdits Commissaires, pour la continuation desdictes Commissions; ausquelles nous les auons subrogez & subrogeons par ces presentes: Ensemble pour receuoir lesdits deniers saisis qui ne seront tournez au profit des saisissans, & seront demeurez entre les mains desdits anciens Commissaires, & dont ils se trouueront redeuables par le compte qu'ils seront tenus rendre ausdits nouueaux Commissaires Receueurs, les saisies & saisissans appellez

pellez au domicile éleu , & fans que pour
iceux lefdits nouueaux Commiffaires puiffent pretendre aucun droict de recepte ; &
en cas de refus, les defaillans, ledit temps paffé, y feront contraints par toutes voyes deuës
& raifonnables , mefmes par corps; nonob-
ftant oppofitions & appellatiõs quelconques,
& fans preiudice d'icelles. Et afin que lefdits
anciens Commiffaires demeurent valable-
ment déchargez defdites faifies pour le paffé,
& que le faifi recognoiffe ce qui eft deu des
deniers de laditte Commiffion, pour tourner
en fon acquit & décharge, & que ledit Commiffaire nouueau puiffe auec plus de cognoif-
fance faire la fonction de fa charge , les Gref-
fiers , Clers de Greffes, & autres, feront tenus
communiquer aufdits Commiffaires Receueurs, leurs regiftres & encheres, pour prendre extraict des faifies reelles & baux à ferme
qui s'y trouueront, fans que pour ce leur foit
payé aucun droict.

Receuront nofdits Commiffaires Receueurs les deniers de tous les baux iudiciaires
prouenans de toutes les faifies reelles, & ce
qui fera deu par les Fermiers côuentionnels,
dont les baux feront conuertis en baux iudiciaires, pour en rendre compte, quand & à qui
il appartiendra, pardeuãt les Iuges du reffort
de leur eftabliffement, fans qu'ils en puiffent

estre distraits pour quelque cause ou occasion
que ce soit, les saisis saisissans & opposans appellez,& à payer le reliqua à qui il appartiendra & sera par iustice ordonné, sans qu'ils en
puissent pretendre autre droict de recepte,ny
autres salaires & vacations, que l'on a accou-
stumé de taxer aux Commissaires par chacun
an,& pour auoir vacqué en l'exercice de leur
charge, que six deniers pour liure, que nous
leur auons attribué & attribuons par ces presentes de tous les deniers qui seront par eux
receus. Et pour tous les autres frais, salaires
& vacations desdits Commissaires, Nous les
auons moderé, Sçavoir, soixante sols
pour l'enregistrement des saisies reelles des
maisons, rentes & offices, esquels il ne sera
besoin de plus ample denombrement : & six
liures pour l'enregistremét de celles des fiefs
& autres choses qui contiendront dependances d'heritages,qu'il aura esté necessaire d'ex-
primer par lesdites saisies:& huict liurespour
ses peines & vacations de faire faire les baux
qui serót iusques à trois cens liures de ferme
& au dessous:& douze liures pour ceux qui feront au dessus ,& encores dix liures pour son
droit des comptes qu'il rendra en Iustice des
baux de trois cens liures & au dessous: & dix-
huict liures pour ceux qui serót au dessus,& ce
outre l'écriture des cóptes,pour lesquels il se-

ra payé cinq fols pour roolle de grand papier,
& deux fols fix deniers pour roolle du petit, &
la moitié pour chacune coppie. Aufquels cō-
ptes, pour d'autant plus en retrācher les frais,
lefdits Cōmiffaires feront mētion en bref des
procez verbaux des faifies, baux iudiciaires, &
fentences de reddition de comptes , fans les
pouuoir inferer au long: par ce moyen les fai-
fiffans & faifis feront defchargez de tous frais,
falaires & vacations qu'il leur conuenoit faire
pour lefdits baux , qui monteroient à beaucoup dauantage que ladite attribution, mefmes des taxes afferātes aux Aduocats & Procureurs: au lieu defquels nous voulons qu'ils
puiffent occuper ou leurs Commis és caufes
& differens qui furuiendront en l'exercice de
leurfdites charges & dependances d'icelles;
dreffer & rendre leurs comptes & declaratiōs
de leurs receptes, frais & mifes, fans qu'il leur
foit befoin, fi bon ne leur femble, du miniftere
de Procureurs ou Aduocats : & ce pour d'autant plus retrancher les frais defdictes Commiffions: couchans en leurs comptes lefdicts
droicts, auec les frais par eux aduancez, qui
leur feront alloüez.

Et combien que nos predeceffeurs ayent
fait plufieurs loüables Ordōnāces fur les em-
pefchemens, menaces & autres voyes de fait,
commifes tant par les faifis qu'autres perfon-

nes à l'endroict des precedens Commiſſaires:
Ce neantmoins eſtans aduertis qu'au meſpris
d'icelles & de Iuſtice , iceux ſaiſis & autres
pour eux ne delaiſſent d'empeſcher & trauail-
ler iceux en l'exercice de leurs charges , &
qu'ils pourroient faire le ſemblable à noſdis
Commiſſaires Receueurs: A ceſte cauſe,&
que noſdits Commiſſaires Receueurs ſeront
Miniſtres de Iuſtice, munis de noſtre authorité , comme nos Officiers auſquels la force &
obeyſſance doit demeurer : Auons inhibé &
defendu, inhibons & defendons à tous ſaiſis,
oppoſans & autres perſonnes , de troubler,
moleſter, retarder ny empeſcher en quelque
maniere que ce ſoit, noſdits Cómiſſaires Receueurs en l'exercice & fonctió de leurs charges & commiſſions, ſur peine d'eſtre declarez
rebelles & deſobeyſſans à nous & à Iuſtice, de
confiſcation de leurs biens , & punition exé-
plaire ſuiuant nos Ordonnances.

Et dautant qu'il ne ſeroit raiſonnable que
noſdits Cómiſſaires Receueurs, leurs veſues,
heritiers ou ayás cauſe, demeuraſſent chargez
& obligez de garder perpetuellemét vn grád
& innumerable nombre de papiers iuſtifica-
tifs des comptes qu'ils auront rendus en iuſtice: Voulons & ordonnons que noſdits
Commiſſaires Receueurs, leurs veſues & heritiers, ne pourrót eſtre inquietez , recerchez

ny tenus pour le faict de leurs charges, cinq
ans apres la reddition de leurs comptes rendus en Iustice, pour quelque cause & occasion
que ce soit ou puisse estre.

Serõt nosdits Commissaires Receueurs tenus de bailler caution au Siege du ressort de
leur establissement où ils seront receus, Sça-
uoir, ceux de Paris, chacun de six mille liures:
ceux de nos autres Cours de Parlemẽt & Sieges Presidiaux, chacun quatre mil liures: ceux
des principaux Sieges Royaux où nous auõs
establi des Conseillers, deux mil liures: &
ceux des autres sieges Royaux, mil liures: les
offices desquels demeurerõt en outre obligez
& hypothequez specialemẽt & par preferẽce,
à la seureté des deniers qu'ils auront receus.

Et afin que nos sujets puissent estre soulagez
en leurs affaires domestiques, & recueillir le
fruict du soin que nous voulõs auoir d'eux par
le moyen de cet establissement, Novs voulons & ordonnons que lesdits Commissaires
Receueurs dressent vn Mont de Pieté chacun au lieu de sa demeure: auquel Mont il sera loisible à toutes sortes de personnes de pre-
ster au denier seize ou moindre interest. Et à
ceux qui aurõt besoin d'estre secourus, d'em-
prunter desdits Commissaires Receueurs par
obligation, ou sur gages, pour la seureté du
prest, de telles sommes de deniers qui leur se-

ront besoin, sans prendre plus grand interest
qu'au denier seize; sinon en cas qu'ils eussent
correspondance pour lettres de change qu'ils
en pourront tirer au denier douze, sans estre
estimez vsuriers ; & ce des lettres de change
seulement.   Et afin que le present establissement puisse estre fidellement executé, & qu'il
ne reçoiue aucune alteratió à l'aduenir ; Nous
auons creé & erigé, creons & erigeons par ce
mesme Edict l'Office en heredité de Directeur general desdits monts de Pieté establis
en cestuy nostre Royaume, pays & terres de
nostre obeyssance, pour donner l'ordre dudit
establissemét, & auoir l'œuil qu'il ne s'y com-
mette aucun abus au detriment de nos sujets:
Et pour cét effect luy donnons pouuoir de se
faire representer, ou à ceux qu'il commettra
sur les lieux, les registres desdits prests, & y
corriger tous les defauts qu'il y recognoistra
estre preiudiciables à nos sujets, pour lesquels
ledit Directeur, ou ses Cõmis, en fera plainte
pardeuant les Iuges du ressort de l'establissement dudit Mont, à ce qu'à l'aduenir nos bõ-
nes intentions soient suyuies & executees de
poinct en poinct, & nosdits subiets soulagez
en leurs necessitez. Et pour les droicts, frais,
salaires & vacations dudit Directeur, & de ses
Commis, & ceux qui passeront lesdites obligations qu'il conuiendra faire, luy auons at-

tribué & attribuons   de tous lefdits
prefts, qui fera payé par celuy qui emprunte-
ra, fãs que lefdits prefts puifsẽt retarder en fa-
çon quelconque la reftitution des deniers qui
feront mis és mains de nofdits Commiffaires
Receueurs pour eftre deliurez aux perfonnes
à qui il fera ordóné, apres les Arrefts, Sentences d'adiudication, & mandemẽs d'ordre de-
liurés. Entendons que lefdicts prefts foient
volótaires, tant de la part de ceux qui les em-
prunteront, que de celle de nofdits Commiffaires Receueurs quant à la durée du preft:
Lefquels regleront fi bien leurs temps, qu'ils
n'obligent point les particuliers à attendre le
payement de leurs deniers, apres lefdits Arrefts, Sentences & mandemens d'ordre rendus: n'ayant autre intention que de foulager
toutes fortes de perfonnes, & particuliere-
ment les plus pauures; lefquels faute de caution ne peuuent trouuer leur commodité
qu'à grande perte & vfure.

Si donnons en mandement à nos amez
& feaux Confeillers les gens tenans nos
Cours de Parlement & des Aydes, Baillifs,
Senefchaux, Preuofts, Iuges & leurs Lieu-
tenans, chacun endroit foy, que ces prefentes
ils facent lire, publier & enregiftrer, & le con-
tenu en icelles inuiolablemẽt entretenir, garder & obferuer de poinct en poinct felon leur

forme & teneur, sans y côtreuenir ny souffrir
y estre contreuenu en aucune maniere : C A R
tel est nostre plaisir : Nonobstant toutes choses à ce contraires, Ausquelles de nostre puissance & authorité Royale , Nous auons dé-
rogé & dérogeons par ces presentes. Et afin
que ce soit chose ferme & stable à tousiours,
Nous auons à icelles fait mettre & apposer
nostre seel. Donné à Paris au mois de Feurier
l'an de grace mil six cens vingt six, & de nostre
regne le seiziéme. Signé, L O V I S. Et plus
bas, Par le Roy, L E B E A V C L E R C. Et se l-
lé du grand seau de cire verte.sur lacs de soye
rouge & verte.

*Leu, publié & registré, ouy, & ce requerant le Pro-
cureur General du Roy, à Paris en Parlement le Roy y
seant, le 6. Mars, 1626.   Signé,   DV TILLET.*

*Leu, publié & registré par le commandemēt du Roy,
porté par Monsieur Frere vnique dudit Seigneur, assisté
du sieur de Bellegarde, Cheualier des Ordres de sa Ma-
jesté, & des sieurs de Champigny & de Leon, Conseillers en ses Conseils d'Estat & Priué, Ouy & ce consn-
tant le Procureur General de sadite Maiesté : A Paris
en la Cour des Aydes les Chambres assemblees, le 28.
iour de Iuin, 1627.*

Signé,   DE LAISTRE.

Collationné aux originaux par moy Consceil-
ler & Secretaire du Roy.

www.ingramcontent.com/pod-product-compliance
Lightning Source LLC
LaVergne TN
LVHW020646180726
843502LV00006B/2277